Le tourisme

Conception et direction d'ouvrage
Brigitte Arnaud

Un métier en poche
Le tourisme

Texte de
Dominique Voisin
Dessins de
Trambert

Seuil Jeunesse

Avis aux jeunes lecteurs...

Pour toi, le tourisme, cela évoque d'abord le voyage, l'évasion, les vacances, le soleil. Tu as raison, mais sais-tu que les déplacements lointains ne concernent qu'un petit nombre de métiers dans ce secteur ? Aujourd'hui, tout est tourisme et les professions qui t'intéressent ne peuvent se résumer à hôtesse de l'air ou guide-interprète. Du tourisme d'affaires aux expéditions dans le désert, du bureau de réservation à l'animation en milieu rural, l'activité touristique est en développement constant. Pense au demi-milliard de touristes prévus dans le monde en l'an 2000 ! Qui les accueillera, qui les conduira, quels services auront-ils ? De nombreux débouchés s'ouvrent aux professionnels du tourisme et ce petit guide te permettra de les découvrir. Il est peut-être déjà temps de te préparer ; certaines orientations se décident dès la classe de 5e !

Le tourisme est une aventure humaine qui ne devrait pas te décevoir. L'essentiel est d'avoir le bon diplôme, une grande disponibilité, un sens du contact, un goût pour les relations, de solides compétences en gestion et un dynamisme à toute épreuve...

L'auteur
Dominique Voisin

S O M M A I R E

PAGES

Chapitre 1

PAGES

Chapitre 2

Chapitre 3

Chapitre 4

PAGES

Chapitre 5

PANORAMA SUR LE TOURISME

Le tourisme est devenu une véritable industrie. Plus qu'un métier, le tourisme propose des métiers recouvrant de larges secteurs économiques, comme le transport ou le voyage, et des services publics ou privés consacrés aux loisirs, à la détente, à la culture et aux sports.

Toutes les professions du tourisme demandent des qualités que tu dois posséder ou acquérir si tu désires t'engager dans cette voie : un sens de l'accueil, une passion du contact, une grande disponibilité, un don pour l'organisation, la connaissance des langues étrangères, dont l'anglais.

Enfin, tu dois savoir que dans la plupart de ces métiers, on ne voyage pas toujours...

Qu'est-ce qu'un touriste ?

Selon la définition officielle, un touriste est une personne qui se rend hors de chez elle au moins 24 heures et au plus 4 mois, au-delà desquels on la considérerait comme résidente. Mais toute personne partant en excursion, même une demi-journée, peut emprunter un moyen de transport rapide, visiter un château, faire appel à un guide et prendre un repas dans un restaurant ; cette sorte de touriste contribue à créer des emplois dans ce secteur.

Le tourisme, une richesse

Il rapporte beaucoup d'argent à la France ; c'est même l'une de nos premières richesses nationales. Chaque année, plus de 50 millions d'étrangers visitent notre pays, 60 % des Français partent en vacances. Paris, avec 100 000 chambres d'hôtel, ses musées et ses monuments, est la capitale mondiale du tourisme... En France, on compte 20 000 hôtels de tourisme, 9 000 terrains de camping, 30 000 gîtes ruraux et plus de 500 villages de vacances. Tous ces chiffres expliquent pourquoi, directement ou indirectement, le tourisme en France emploie plus de 1,5 million de personnes et reste créateur de 30 000 emplois environ chaque année ! Les agences de voyage, les compagnies aériennes, la conservation du patrimoine et les offices du tourisme sont les principales sources d'emplois.

Les agences distributrices

Leur activité est de vendre des voyages et des séjours conçus par d'autres, mais aussi des titres de transport, des réservations de spectacles, de véhicules et de chambres d'hôtel, ou des locations en France et à l'étranger. Sur ces services, l'agence perçoit une commission.

Les agences productrices

Elles rassemblent différents services qu'elles achètent aux industriels du tourisme, comme les transporteurs, les hôteliers, les guides et les agents de voyage étrangers. Cette agence productrice s'appelle aussi voyagiste, organisateur ou tour opérateur. Elle peut être spécialisée sur telle ou telle partie du monde. Certains tour-opérateurs puissants, comme Nouvelles Frontières, ne revendent pas leurs produits aux agences distributrices, car ils possèdent leur propre réseau de points de vente.

Les agences réceptives

Chaque année, parmi les 50 millions d'étrangers qui visitent notre pays, un grand nombre font appel à des agences réceptives, c'est-à-dire chargées de les recevoir et d'organiser leur séjour. Leurs employés vont accueillir les étrangers à leur arrivée, organisent les excursions, préparent les itinéraires et obtiennent des forfaits d'équipements, de transport et d'hôtellerie. En plus d'un personnel administratif, ces agences réceptives emploient des animateurs, des hôtesses, des guides interprètes et des accompagnateurs.

Les agences de tourisme d'affaires

Leur rôle est de monter des opérations touristiques pour motiver les employés d'une entreprise, récompenser ses clients ou leur présenter de nouveaux produits. Les séjours que ces agences proposent sont souvent des séminaires et des voyages "sur mesure" avec des idées originales ; il faut créer et organiser l'évènement pour les commanditaires.

Par exemple, un industriel offrira à ses principaux clients un voyage à Venise dans le luxueux "Orient Express". Un fabricant de skis organisera une convention dans une station de sports d'hiver pour présenter une nouvelle gamme de produits à ses revendeurs. Une Chambre de commerce maritime lancera un dîner-débat sur le thème du transport à bord d'un bateau pour inciter ses clients à utiliser ses nouvelles installations portuaires...

Les agences de l'extrême

Aujourd'hui, on assiste au développement d'agences d'un nouveau type. Voyageurs, sportifs, aventuriers s'associent pour créer de telles structures. Certains vont reconnaître les circuits les plus difficiles, les plus inexplorés. Quand l'itinéraire est mis au point, il entre au catalogue proposé à des touristes cherchant l'aventure. Pour eux, en général un groupe d'une dizaine de personnes, raids, trekking, voyages en 4 x 4, à dos de chameau, en ballon ou en canoë, bivouacs dans les grandes solitudes... vont créer les sensations fortes, que le tourisme habituel ne leur procurait plus. Mais, pour les guides comme pour les clients, de telles expéditions nécessitent d'être en parfaite condition physique...

PARTIR AVEC LES HOMMES BLEUS

Amar a reconnu la piste. Ses cousins conduiront les voitures tout-terrain. Le circuit concerne des régions mal connues des occidentaux : là où les grottes peintes et les silex taillés témoignent de civilisations ensevelies dans le désert. Amar guidera lui-même l'expédition : il a repéré les points d'eau pour installer ses campements. Il sait ce qu'il faut faire en cas d'insolation d'un touriste, ou de tempête de sable. L'année prochaine, il pense à une expédition à dos de chameau sur les routes du sel. Sa connaissance du désert, c'est ça la force d'Amar.

LES MÉTIERS DE L'AGENCE DE VOYAGE

Une agence de voyage est une entreprise dont la bonne marche nécessite le concours de nombreux métiers : avoir exercé comme informaticien, gestionnaire, secrétaire, standardiste, voire chauffeur ou bagagiste peut être une bonne porte d'entrée dans le tourisme. Mais les agences ont surtout besoin de professionnels formés et spécialisés.

On compte une demi-douzaine de métiers au sein d'une agence de voyage. Plus l'agence est importante, plus les employés sont spécialisés : sur des types de transport ou de voyage, sur des régions du monde, sur des services comme la location de véhicules ou la réservation de chambres d'hôtel.

Billettiste, tout faire avec le sourire

Son rôle est de vendre les services proposés par l'agence, mais aussi de conseiller la clientèle et de l'aider dans ses choix. Précis, rapide et minutieux, le billettiste s'adapte à toutes les demandes et à toutes les circonstances. Il doit savoir consulter un terminal d'ordinateur et utiliser de nombreux manuels sur la réglementation, variable selon les pays, trouver les tarifs et les horaires, tout ceci en gardant le sourire !

Agent de comptoir polyvalent, souplesse et rigueur

On l'appelle aussi "agent de réservation". La polyvalence exige une grande souplesse et une bonne faculté d'adaptation pour faire face à toutes les situations. L'agent s'occupe des réservations, de la fabrication des titres de transport et de la vente des voyages. Ensuite, sa tâche est loin d'être terminée : il doit assurer le suivi de chaque dossier, même sur le plan comptable. Rigueur et méthode sont donc absolument obligatoires dans ce métier, d'autant plus qu'un client insatisfait change facilement d'agence !

Parfois, un chef de comptoir dirige les agents et coordonne leurs tâches. Il peut remplir la fonction de directeur dans les petites agences de voyage.

Forfaitiste, créer du rêve pour les autres

C'est le penseur de l'agence, le concepteur. Le forfaitiste étudie les circuits de voyage à la demande du client. Sa tâche est également de fabriquer des produits touristiques pour le catalogue proposé par le tour-opérateur. Dans les grandes entreprises, on l'appelle aussi "chef de produit". Il doit associer une destination originale, un transporteur fiable, des hôtels de bon standing et des activités culturelles, sportives ou de loisirs intéressantes, pour le prix le plus compétitif face à la concurrence. Le forfaitiste suit encore l'exploitation commerciale des produits touristiques qu'il a conçus et les améliore si nécessaire. Il faut tout contrôler en permanence, jusqu'au moindre repas !

Pour concevoir ses voyages, le forfaitiste doit savoir négocier des contrats avec chacun des partenaires. C'est donc un emploi très qualifié qui demande beaucoup d'expérience. Chez les grands tour-opérateurs, le forfaitiste se rend souvent à l'étranger pour négocier sur place tous ses tarifs, mais la plupart du temps, ses principaux outils de travail sont le télécopieur et le téléphone.

Les très grandes agences se dotent souvent d'un service des transports séparé du service des forfaits : en achetant un grand nombre de billets, ses spécialistes font jouer la concurrence entre les transporteurs pour négocier au plus bas les prix de voyage.

UN CLIENT DIFFICILE

- Et si vous nous organisiez un détour par ici... Ce coin-là surtout a l'air magnifique !
- Écoutez, monsieur, puisque je vous dis que ce pays est en guerre depuis longtemps !
- Très bien, monsieur le forfaitiste, mais pour le reste du circuit, nous ne voulons dormir que dans des cinq étoiles...
- Désolé, il n'y a pas un seul hôtel proche dans cette catégorie.
- Un pays de sauvages... Au moins, vous avez sans doute prévu une journée de chasse pour le groupe ?
- La loi du pays l'interdit absolument.
- De toute façon, moi j'emmène mon chien. Il y a peut-être des vaccins obligatoires?
- Cela aussi, c'est interdit. On ne peut faire entrer un animal dans ce pays.
- Eh bien, votre agence est d'une incompétence rare... désormais, nous nous adresserons ailleurs pour notre voyage annuel !

Et le monsieur claqua la porte de l'agence, sans même un salut.

..CELA FAIT UNE SEMAINE QUE JE SUIS EN BRETAGNE, ET IL N'A PLU QU'UNE SEULE FOIS !!!
J'AI L'IMPRESSION QU'ON SE MOQUE DU TOURISTE ICI !!!
GR! GR!
CASTO
BZH

Vendeur, au téléphone et en voiture

C'est actuellement l'emploi le plus souvent proposé par les agences de voyage. Si tu es débutant dans la profession, on te recrutera fréquemment pour te faire vendre des voyages par téléphone, c'est ce que l'on appelle un "téléacteur".

Dynamique, convaincant, disponible, le vendeur-prospecteur fait la tournée des points de vente, les agences distributrices, pour présenter les produits décrits sur le catalogue. Il contacte aussi les groupes, les comités d'entreprises, les clubs du troisième âge, les associations et les municipalités pour leur proposer des forfaits, des séjours et des destinations adaptés à leurs besoins.

Directeur d'agence, une grande expérience

Il décide des produits proposés par son agence, traite avec les fournisseurs (transport, publicité, hôtellerie) et gère les finances. En fait, il connaît parfaitement tous les métiers des agences de voyages et son poste requiert de grandes qualités d'organisation. Une licence, c'est-à-dire une autorisation d'exercer cette fonction, lui est accordée par la préfecture de région. Les conditions à remplir sont : avoir exercé pendant 5 années dans ce domaine, être titulaire d'un BTS tourisme ou d'un diplôme bac + 3, en général une licence d'études touristiques, juridiques ou commerciales.

LES MÉTIERS OÙ L'ON VOYAGE

Tous les métiers du tourisme ne permettent pas de voyager tout le temps ! Mais si tu exerces ta profession en agence, tu peux bénéficier de conditions souvent très intéressantes pour te déplacer. Parfois, les tour-opérateurs offrent des voyages à leurs employés afin qu'ils connaissent mieux les produits qu'ils seront amenés à vendre à leurs clients.

Rassure-toi, les métiers qui te permettront de parcourir le monde existent : guides, interprètes, conférenciers, accompagnateurs, stewards, hôtesses de l'air...

Hôtesse permanente locale, le sens de la responsabilité

Elle est employée par une agence. On l'appelle aussi "réceptive" car son métier est de recevoir et d'accueillir les touristes dans les hôtels, qui sont ses lieux de travail à l'étranger. Son rôle est de faciliter leur séjour en réglant tous les petits problèmes : transfert entre l'aéroport et l'hôtel, administration, quotidien, etc. L'hôtesse permanente locale doit répondre à toutes les questions que se posent les touristes dont elle a la responsabilité.

Guide interprète, le don des langues

Travailleur indépendant ou employé par une agence, son rôle est de conduire les touristes étrangers à la découverte de notre pays. La profession de guide interprète est très réglementée et on ne peut l'exercer que si l'on possède une carte professionnelle délivrée par le ministère des Transports, de l'Équipement et du Tourisme, après l'obtention d'un BTS tourisme option Accueil. Une licence d'histoire de l'art ou d'archéologie ou un diplôme de l'École du Louvre te permettront également de te présenter à un examen professionnel de guide interprète destiné à vérifier ta parfaite connaissance de deux langues étrangères, au moins. En général, les guides adhèrent à des associations professionnelles qui font appel à leurs services.

Cette profession se divise en 3 catégories : guide national, (employé toute l'année et sur tout le territoire français), guide auxiliaire (qui ne peut exercer plus de 9 mois par an), guide local, (généralement permanent au service d'une commune ou d'un département). Partout, une bonne connaissance des langues est exigée : l'anglais au minimum.

Conférencier, spécialiste de haut niveau

Il est chargé de faire découvrir et de présenter tel aspect du patrimoine historique ou culturel d'une ville, d'une région, d'un musée... C'est un spécialiste dont le niveau de diplôme est assez élevé. Le conférencier, titulaire d'une maîtrise d'histoire de l'art ou d'un diplôme de muséologie de l'École du Louvre, doit être reçu à un examen organisé par la Direction du tourisme, au ministère des Transports, de l'Équipement et du Tourisme.

Des associations et des organismes fabriquent des voyages à la découverte de sites historiques ou archéologiques, à bord d'autocars ou de bateaux de croisière. Conférenciers et professeurs d'université participent à la réussite de ces expéditions culturelles.

Selon les besoins de postes exprimés chaque année, la Caisse nationale des Monuments historiques et des Sites organise également un examen de conférencier dans les monuments historiques. Pour se présenter, il faut être titulaire d'une licence d'histoire de l'art ou d'une maîtrise d'histoire, avoir une expérience de l'animation et parler couramment au moins une langue étrangère.

Accompagnateur, culture générale et esprit d'initiative

C'est un métier exercé plutôt par les femmes. Comme son titre l'indique, sa mission est d'accompagner un groupe de touristes pour le compte d'une agence. On demande à ces vacataires l'expérience du pays, le sens de l'organisation et la vigilance, qui lui permettent de veiller au bon déroulement du séjour. Il s'agit de ne pas perdre quelqu'un en route ! Son esprit d'initiative est apprécié, car dans un voyage, des imprévus peuvent survenir : une perturbation dans les transports, un accident ou la maladie d'un passager.

L'accompagnateur est aussi diplomate : il n'est pas toujours facile de faire voyager ensemble des gens qui ne se connaissent pas ou dont l'esprit critique peut, à tout moment, altérer la bonne humeur du groupe. Sa culture générale est excellente ; on lui pose toutes sortes de questions diverses auxquelles il doit être en mesure de répondre...

Bien entendu, l'accompagnateur connaît plusieurs langues, notamment celle du pays où l'agence l'envoie le plus souvent. Son salaire est complété par les pourboires des touristes et par quelques commissions que lui versent les boutiques de cadeaux ou d'artisanat qu'il fait visiter. On peut exercer ce métier sans diplôme particulier, mais une bonne formation, touristique, historique, artistique, t'aidera à trouver un emploi.

Accompagnateur de croisières, le soleil sans les vacances

Indépendant ou salarié d'une compagnie maritime, les Caraïbes en hiver, la Scandinavie en été, parfois un tour du monde en quelques semaines, logé, nourri, blanchi, dans un cadre luxueux : qui ne rêve pas d'accompagner une croisière ? En fait, il faut accepter de vivre sur un bâtiment plusieurs mois de suite avec les mêmes personnes. Les"éternelles vacances" sont souvent un travail éprouvant, car le client-roi ne supporte pas le moindre retard, la moindre faiblesse d'organisation.

Animer les traversées, faire découvrir les escales, guider les visites, répondre au flot incessant des questions, rendre mille services à bord font partie d'un travail qui, même sous le soleil, est loin d'être de tout repos. Mais si tu aimes vraiment voyager, si tu éprouves du plaisir à faire partager tes connaissances et si tu n'accordes pas trop d'importance à ta vie familiale, ce métier est fait pour toi !

AH NON!!! ÇA VA PAS LES GARS! UN P'TIT SOURIRE! VOUS DONNEZ UNE SALE IMAGE DE VOTRE PAYS!
..ALLEZ, UN EFFORT!!!
SOYEZ COOL..

PHOTOGRAPHE DE TOURISME

Aline, photographe, a déjà fait plusieurs tours du monde. Peut-on être photographe de tourisme ?
- Bien sûr, répond-elle, mais je préfère le mot "reporter". Je travaille essentiellement pour des magazines consacrés au voyage. Rien ne remplace une bonne photographie si l'on veut donner aux gens l'envie de changer d'air. Les catalogues des agences utilisent aussi beaucoup d'images pour vendre leurs circuits et leurs séjours.

Ses missions peuvent être très diverses : Aline a déjà "couvert" le Paris-Dakar trois fois et profité d'un séjour en Alaska pour photographier des vêtements de neige. L'année dernière, elle est partie en reconnaissance pour une agence de voyage, au pays des mystérieux Dassanech, au Kenya. Elle a accompli une mission très originale pour le compte d'un tour-opérateur : Aline a conduit un groupe de cadres dans le Sahara afin de les initier... à la photographie du désert.

De même, un reportage sur les spécialités gastronomiques d'un département français concerne le tourisme.

Si le métier de photographe de tourisme est très varié, il n'est pas question de rester chez soi en attendant un coup de téléphone : il faut savoir se démener et proposer ses services !

Hôtesse de l'air et steward, voyage et fatigue

Si tu es hôtesse de l'air ou steward, tu fais partie du personnel commercial navigant des compagnies aériennes. Pour exercer ces professions, il faut avoir une silhouette agréable, porter l'uniforme, mesurer au minimum 1,58 m pour les femmes et 1,70 m pour les hommes, disposer d'une bonne vue et d'une bonne audition, posséder un bon niveau de culture générale. L'examen médical d'entrée est très rigoureux. L'âge requis se situe entre 21 et 29 ans. Les compagnies aériennes demandent aux candidats et candidates le niveau bac et la pratique de l'anglais courant. Le certificat de sécurité-sauvetage est obligatoire et les hommes doivent être libérés des obligations militaires. Si la profession est attirante, les journées sont souvent longues et la plupart des week-ends sont occupés. Pense que tu devras être à bord une heure avant le décollage, parfois à 4 heures du matin alors que tu seras arrivé la veille, vers 22 heures !

Ces métiers demandent une résistance nerveuse et physique pour supporter les nuits blanches passées en avion et les décalages horaires permanents. Une disponibilité et des qualités de bon contact sont de rigueur dans toutes les circonstances, car il faut savoir rassurer les passagers en cas de perturbation atmosphérique, “de mal de l'air”, ou d'angoisse : un passager sur 4 a peur en avion !

N'oublie pas que les compagnies aériennes, comme toutes les entreprises de tourisme, emploient aussi un personnel commercial nombreux au sol, dans ses comptoirs et ses agences, pour accueillir, informer, vendre et effectuer des réservations.

LES ANIMATEURS DE TOURISME SUR LE TERRAIN

Aujourd'hui, chaque région, chaque commune s'efforce de mettre en valeur son patrimoine culturel, ses sites et ses activités en créant des structures. Ainsi, offices du tourisme et syndicats d'initiative sont financés par des subventions municipales et par les cotisations de leurs adhérents. Les 98 CDT (Comités départementaux du tourisme) et les 29 CRT (Comités régionaux du tourisme), chargés de l'animation touristique locale, travaillent en collaboration avec l'État, représenté par les DRT (Délégations régionales de la Direction du tourisme).

Tous ces organismes emploient des gestionnaires, commerciaux ou spécialistes de la communication, des animateurs et des hôtesses.

..BON! NOUS ALLONS VISITER LE VILLAGE DES BABAS-COOL..
ATTENTION A NE PAS ÊTRE SPEED!
..ET A AVOIR UN BON KARMA..
..SI ILS VOUS OFFRENT DE GROSSES CIGARETTES REFUSEZ! MAIS COOL, PAS SPEED!

Animateur de tourisme, imagination et vie collective

Il travaille souvent dans un village de vacances ou pour le compte d'une chaîne d'hôtels-clubs. Son rôle est d'établir les programmes d'activités du village et de les animer. Imaginatif, l'animateur propose des thèmes de soirées, des jeux, des visites guidées. Paysages, curiosités, endroits où exercer telle activité de détente, spécialités culinaires, manifestations folkloriques : l'animateur doit tout connaître et tout utiliser pour que les touristes gardent un bon souvenir de leur séjour.

Son dynamisme lui permet d'instaurer un agréable climat de vacances et de ne jamais laisser une personne dans son coin. Cette fonction exige un goût pour la vie collective, mais aussi une grande rigueur, car l'animateur est responsable du budget. Dans cette profession, tes qualités personnelles seront mises à l'épreuve. Toute spécialité sportive ou culturelle, chorégraphie, techniques du son, décoration, costumes, etc. sera très appréciée. Le métier est assez exaltant, mais tu éprouveras peut-être quelques difficultés à obtenir une sécurité de l'emploi : ton contrat sera la plupart du temps saisonnier, même si tes frais de transport, d'hébergement et de nourriture sont pris en charge.

Animateur du patrimoine, connaître le passé régional

Le patrimoine historique d'une région, ce sont les monuments, les églises, les architectures classées ou intéressantes. Si tu choisis de t'orienter dans cette voie, ce sera à toi de présenter toutes ces richesses touristiques et de développer des produits en imaginant des circuits, des visites, à la demande des offices du tourisme ou des hôteliers. Animateur du patrimoine est une profession qui demande esprit d'initiative et sens de l'organisation.

Villages de vacances

Ce que l'on appelle le tourisme social, associatif ou familial, est né de la création des congés payés en 1936. Il a pour vocation d'aider les plus défavorisés à partir en vacances. Ce genre de tourisme est géré par plus de 1 000 associations (dont la plus importante est VVF : villages-vacances-familles), regroupées au sein de l'UNAT : Union nationale des associations de tourisme de plein air. Dans ses villages, campings, automobiles-clubs, gîtes ruraux, auberges de jeunesse ou maisons familiales de vacances, l'UNAT propose plus de 800 000 lits, 3 millions et demi de personnes font appel à ses services chaque année ! Des gestionnaires aux animateurs, des moniteurs de sport aux artistes, des cuisiniers au personnel d'entretien, tous les métiers peuvent être exercés au sein du tourisme associatif.

Métiers des clubs de vacances

À l'étranger ou en France, le Club Méditerranée reproduit, dans une centaine de villages, sa structure originale. Autour du chef de village ou du directeur d'hôtel-club, travaillent non seulement des gestionnaires, des chefs de cuisine et tous les personnels de service, mais surtout les gentils organisateurs, nommés "G.O.", au service des gentils membres : les "G.M.". Du responsable de l'animation aux techniciens son et lumière, des artistes aux sportifs, des infirmières aux disc-jockeys, plus de 80 métiers se trouvent concernés par le tourisme ; toutes les compétences et les talents particuliers sont les bienvenus.

Le Club recrute presque en permanence des animateurs et des moniteurs de sport, dégagés des obligations militaires, âgés de 21 à 32 ans. Le principe du Club Méditerranée est de proposer des séjours en toute saison, avec, pour le gentil membre, la liberté de profiter des services offerts et d'organiser ses loisirs comme il le veut.

D'autres clubs de vacances proposent aussi de nombreuses catégories d'emploi...

EUH .. MOI G.O. ....
.. NOUS GI'S !!! ...
ET MOI GM...
GR
GR!

NOON!!!...
JE NE VEUX PAS
VISITER LA
CLINiiiQUE!!!...

Hôtesse de tourisme, des talents multiples

Les hôtesses sont employées dans différentes structures où elles sont chargées de l'accueil, de la direction des services, de l'intendance, de l'animation, de l'information et de l'orientation. Elles doivent donc savoir plus ou moins tout faire, car chaque employeur représente un cas particulier.

En station de sports d'hiver, au bord de la mer, comme en milieu rural, l'hôtesse aura le rôle d'un employé de syndicat d'initiative ou d'office de tourisme : informer et orienter les touristes vers les richesses et les activités locales.

En village de vacances, on confie plus particulièrement à l'hôtesse la responsabilité de la bonne tenue des installations et de la direction des services.

Dans un gîte familial, l'hôtesse de tourisme aura également une fonction d'animatrice.

Responsables et employés des offices de tourisme

Presque toutes les agglomérations ont des structures d'information, d'orientation et d'animation, dont la définition change selon l'importance de la ville. Ces associations "loi 1901" sont environ 3 500 aujourd'hui, regroupées au sein d'une Fédération nationale des offices de tourisme et syndicats d'initiative : la FNOTSI.

Il existe une cinquantaine d'offices municipaux de tourisme régis par une autre loi, de 1964. En général, la présidence est assurée par le maire. À leur rôle traditionnel d'information s'ajoutent bien d'autres services, proches de ceux offerts par les agences privées, comme la réservation de chambres d'hôtel, l'organisation de circuits, de séminaires et de séjours, etc.

Les départements et les régions ont aussi des comités du tourisme, (CDT, CRT) employant des personnels et des DRT : Délégations régionales au tourisme.

Le directeur d'un office de tourisme ou d'un syndicat d'initiative est chargé de l'accueil, de l'animation, de la promotion touristique locale et de la gestion du personnel ; il réalise les brochures d'information qui seront mises à la disposition du public.

Les employés au comptoir doivent faire le lien entre le public qui cherche des renseignements et les entreprises touristiques locales : hôtels, transports, musées, équipements sportifs et culturels... Les guides font visiter les curiosités touristiques.

AGRICULTURE ET TOURISME VERT

Michel est un paysan bourguignon. Mais entre les fameux quotas, qui l'obligeaient à produire moins de lait et à réduire son troupeau, et les directives européennes, qui l'incitaient à laisser une partie de ses terres en jachère, comment se développer? Comment survivre?

Aujourd'hui, avec des prêts, des stages et de la bonne volonté, il a réussi à transformer un de ses bâtiments en ferme-auberge. Accueil, cuisine et gestion n'excluent pas les bons moments d'animation et les discussions qui se prolongent souvent tard dans la nuit avec les touristes venant de tous les horizons.

Michel sait maintenant tout faire, et surtout, il ne se sent plus isolé...

..J'COMPRENDS MIEUX POURQUOI ON M'A OBLIGÉ A PRODUIRE MOINS DE LAIT! LES PARIGOTS Y BOIVENT QUE DU CALVA!!!
CRÉNOM!
V-VIVE LES VACANCES A LA F-FERME!..

Animateur de plein air

Avec les difficultés que rencontre le monde agricole, les chefs d'exploitation peuvent trouver des compléments de revenus intéressants dans le tourisme vert. Cette activité d'appoint prend une part croissante et permet de rompre l'isolement du monde rural.

Pendant la saison touristique, des associations de tourisme rural emploient beaucoup d'animateurs de plein air. Ce sont souvent des moniteurs sportifs dont les qualités physiques leur permettent d'emmener des touristes à la découverte de la région.

Ces animateurs de plein air peuvent être guide de montagne, moniteur de voile, d'équitation, d'escalade, etc. Le BEES, Brevet d'État d'Éducateur Sportif, te permettra d'exercer en tant que moniteur dans ta discipline. À 18 ans, un brevet national de secourisme en poche, demande ton inscription à la Direction départementale de la Jeunesse et des Sports qui organise des préparations.

De plus en plus nombreuses, les "stations vertes" recrutent des professionnels de l'accueil et de l'animation, comme des gestionnaires de gîtes ruraux, de chambres d'hôtes, de camping à la ferme ou de fermes-auberges.

DES ÉTUDES POUR LE TOURISME

Presque toutes les professions peuvent trouver un débouché dans le tourisme. Mais oui, imagine que tu sois électricien ou skieur ou même guitariste : il se peut que tu trouves un emploi dans un village de vacances ou dans un club.

Si tu veux cependant devenir un vrai professionnel, un spécialiste du tourisme, des formations existent, de la classe de 5e jusqu'à l'université.

Le mieux serait de commencer en essayant tes talents, en testant ton goût pour la vie collective, en améliorant ton sens de l'organisation, par la recherche d'un stage ou d'un emploi saisonnier ; tu pourrais ainsi te familiariser avec ce monde étrange où l'on travaille pendant que les autres sont en vacances !

Des formations pour le tourisme rural : les CAPA et BEPA

Le CAPA (Certificat d'Aptitude Professionnelle Agricole), option accueil en milieu rural, est une formation qui se prépare en 3 ans, après la 5e. Âgé de plus de 14 ans, tu peux aussi te préparer au CAPA dans un lycée d'enseignement professionnel agricole privé ou par un apprentissage en alternance dans les centres de formation d'apprentis agricoles. Les gîtes ruraux et les maisons familiales de vacances emploient des titulaires du CAPA.

Le BEPA (Brevet d'Études Professionnelles Agricoles), option services ou mention accompagnateur hippique, se prépare en 2 ans, à l'issue de la classe de 3e ou après un CAPA. Ce diplôme, dont les options sont assez spécialisées, t'ouvrira la porte des études supérieures (BT ou baccalauréat professionnel). Certains lycées d'enseignement professionnel public (LEP), dont la liste est disponible au CIDJ, assurent une préparation au BEPA.

Il existe un BTSA (Brevet de Technicien Supérieur Agricole), option exploitation touristique ; ce diplôme se prépare actuellement au LEP de Figeac, dans le Lot.

Devenir animateur, avec le BAFA

Le BAFA (Brevet d'Aptitude à la Fonction d'Animateur) est délivré par la Direction départementale de la Jeunesse et des Sports. Accessible à l'âge de 17 ans, ce brevet comprend une formation générale, un stage pratique et une session d'approfondissement.

Le BAFA te permettra, à partir de 21 ans, de préparer le BAFD (Brevet d'Aptitude aux Fonctions de Direction) : un diplôme nécessaire pour devenir directeur d'un centre de vacances ou de loisirs.

Tu peux également t'inscrire au BASE (Brevet d'Aptitude à l'Animation Socio-Éducative), à partir de 19 ans et après 2 années d'expérience dans le tourisme.

D'autres diplômes délivrés par le ministère de la Jeunesse et des Sports te permettront d'accéder aux métiers de l'animation culturelle et sportive : ce sont le DEFA (Diplôme d'État relatif aux Fonctions d'Animation), le BEATEP (Brevet d'État d'Animateur Technicien de l'Éducation Populaire et de la jeunesse) et les BEES (Brevet d'État d'Éducateur Sportif).

NON! POUR OBTENIR VOTRE B.A.F.A IL NE SUFFIT PAS DE DONNER UN MAXIMUM DE BAFFES!!!
AH BON... ..J'CROYAIS...

..DITES-MOI JEUNE HOMME, VOUS ÊTES BIEN TECHNICIEN DU TOU-RISME ? ALORS VOUS ALLEZ M'AIDER A MONTER MA TENTE! J'Y ARRIVE PAS! Y'A AUSSI MON CAMPING-CAR QUI FAIT UN DRÔLE DE BRUIT, ET AUSSI LE.........
?!?

Devenir technicien du tourisme, avec les BT et BTS

Après la classe de 3e, tu peux déjà t'orienter vers le tourisme en préparant le BT (brevet de technicien) en 3 ans dans quelques établissements publics ou privés. Tu devras choisir une option lors de ta 3e année d'études. Sache cependant que ce diplôme ne répond plus tout à fait aux exigences de formation des employeurs ; on parle de le supprimer.

Avec ce BT ou un baccalauréat en poche, tu peux envisager le BTS (brevet de technicien supérieur) ; cette formation en 2 ans te donnera plus de certitudes d'emploi dans le tourisme. C'est même aujourd'hui le niveau d'études minimum et un passage presque obligatoire pour envisager une grande carrière dans le tourisme.

Le BTS Tourisme propose 3 options : A (Production et distribution pour travailler chez un tour-opérateur), B (Accueil pour devenir guide interprète), C (Administration et développement pour travailler en village de vacances ou en office de tourisme).

Des formations universitaires

Des enseignements bac + 3, + 4, + 5 spécifiques du tourisme sont dispensés par certaines universités. Des spécialisations destinées à former des cadres de haut niveau concernent le commercial, l'économie, l'écologie, les langues étrangères appliquées, l'aménagement touristique et hôtelier, le tourisme européen, etc. La liste de ces formations est disponible au Centre d'information et de documentation jeunesse (CIDJ), dans les CIO ou à l'ONISEP.

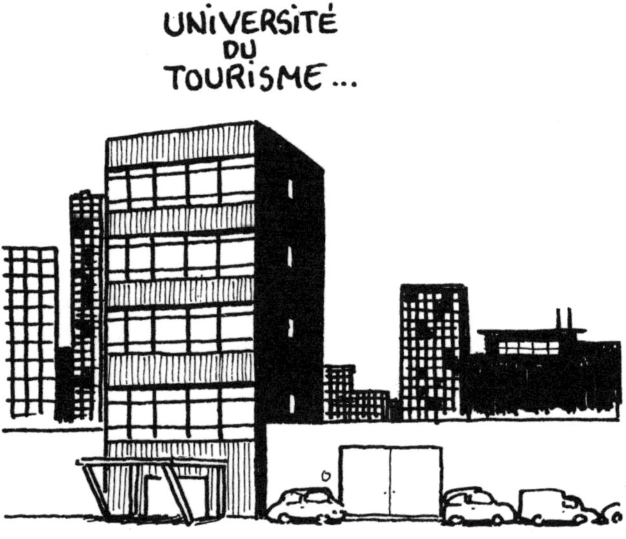

L'IREST (Institut de recherche et d'études supérieures du tourisme) a été créé en 1961. Il recrute des étudiants à bac + 2, souvent titulaires d'un BTS Tourisme. L'enseignement est essentiellement dirigé vers le droit, la gestion, l'économie, les langues et la communication. Les études supérieures, encadrées par des universitaires et des professionnels du tourisme, sont associées à des stages en entreprise.

La formation privée

Ce ne sont pas les écoles privées de tourisme qui manquent ! Renseigne-toi pour comparer leurs prix, t'informer sur le sérieux de leurs enseignements et la longueur des études. Les Chambres de commerce, dans leurs instituts de promotion commerciale (IPC), offrent des formations en 1200 heures, en général à des bacheliers possédant 3 ans d'expérience professionnelle. La formation privée se distingue surtout par des enseignements que gèrent les professionnels du tourisme en fonction de leurs besoins ; ils sont donc très appréciés dans le secteur touristique.

L'IFAV est l'Institut de formation des agences de voyage. On y accède entre 18 et 25 ans, avec le niveau bac et une bonne connaissance de l'anglais. La scolarité dure 7 mois et demi, la formation est gratuite. L'IFAV organise aussi des stages de perfectionnement et de remise à niveau, de 2 jours à 4 semaines.

L'INFATH-INFAC (Institut de Formation Professionnelle aux métiers du tourisme et de l'hôtellerie) exige à l'entrée le niveau de terminale avec connaissance de l'anglais. Cet institut forme des techniciens, agents commerciaux et cadres de direction d'équipements touristiques. Les formations font l'objet de conventions avec l'État et peuvent être rémunérées.

L'UET (Unité d'Enseignement du Tourisme) est l'école de Nouvelles Frontières. Le recrutement se fait au niveau bac : 2 ans de formation en alternance te permettent d'obtenir un certificat de technicien supérieur.

CAP VERS, situé à Nantes, est un établissement qui forme des techniciens vendeurs, des attachés commerciaux et des professionnels de l'accueil pour les offices du tourisme et les congrès. Le bac et une expérience professionnelle, le BT ou le BTS de tourisme sont demandés à l'entrée. Les formations durent 6 mois environ.

DANS LES PAGES SUIVANTES VOUS TROUVEREZ TOUTES LES COORDONNÉES DES ÉCOLES ET FORMATIONS...

Ministère du Tourisme
2, rue Linois
75015 Paris
Tél : 44 37 36 00

Délégations régionales au Tourisme (DRT)

DRT Alsace
43, rue Maréchal Foch
67000 Strasbourg
Tél : 88 37 14 14

DRT Aquitaine
24, allée de Tourny
33000 Bordeaux
Tél : 56 51 30 36

DRT Auvergne
Résidence Le Grand Pavois
37, rue Gonod
63000 Clermont-Ferrand
Tél : 73 93 76 85

DRT Bourgogne
Résidence Le Mazarin
10, av. Foch
21000 Dijon Cedex
Tél : 80 42 84 05

DRT Bretagne
80, av. Henri Fréville
35200 Rennes
Tél : 99 53 48 44

DRT Centre
10, rue Colombier
45000 Orléans
Tél : 38 62 68 48

DRT Champagne-Ardenne
1, cours d'Ormesson
51036 Châlons-sur-Marne Cedex
Tél : 26 70 33 63

DRT Corse
10, rue Capitaine Livrelli
BP 162
20178 Ajaccio Cedex
Tél : 95 21 55 31

DRT Franche-Comté
11, rue Lecourbe
25000 Besançon
Tél : 81 81 51 33

DRT Languedoc-Roussillon
27, rue de l'Aiguillerie
34000 Montpellier
Tél : 67 66 15 09

DRT Limousin
45, rue Turgot
87000 Limoges
Tél : 55 32 32 74

DRT Lorraine
6, rue du Pont Moreau
57034 Metz Cedex
Tél : 87 32 82 17

DRT Midi-Pyrénées
37, rue des Paradoux
31022 Toulouse Cedex
Tél : 61 52 00 37

DRT Nord-Pas-de-Calais
Centre République
75, rue Léon Gambetta
59000 Lille
Tél : 20 54 77 66

DRT Paris, Ile-de-France
Préfecture de la région
Ile-de-France
21, rue Miollis
75015 Paris
Tél : 40 61 80 96

DRT Normandie
rue Choron
14038 Caen Cedex
Tél : 31 30 65 78

DRT Pays de Loire
2, rue de la Loire
44200 Nantes
Tél : 40 41 41 50

DRT Picardie
4, rue Debray
BP 342
80003 Amiens Cedex
Tél : 22 45 08 00

DRT Poitou-Charentes
Préfecture de région
SGAR
2, rue de l'Ancienne Comédie
86021 Poitiers Cedex
Tél : 49 52 91 22

DRT Provence-Alpes-Côte d'Azur
2, rue Beauvau
13001 Marseille
Tél : 91 33 22 66

DRT Rhône-Loire
129, av. de Saxe
69005 Lyon
Tél : 77 61 18 78

DRT Alpes du Nord
Aérodrome
av. de Chambéry
73190 Challes-les-Eaux
Tél : 79 72 72 19

Caisse nationale des monuments historiques et des sites
Hôtel de Sully
62, rue Saint-Antoine
75004 Paris
Tél : 44 61 20 00

ANPE du tourisme
4, rue Jean-Marie Jégo
75013 Paris
Tél : 45 88 95 88

231, rue de Belleville
75019 Paris
Tél : 42 41 20 37

IREST (Institut de recherche et d'études supérieures du tourisme)
12, place du Panthéon
75231 Paris Cedex 05
Tél : 46 34 99 08

Air-France
Direction
des Ressources Humaines
Sélection et Orientation
Paris Nord II "Le Sisley"
23, allée des Impressionnistes
BP 60 11
95975 Roissy CDG Cedex

FNOTSI (Fédération nationale des offices de tourisme et syndicats d'initiative)
17, rue Ingénieur Robert Keller
75015 Paris
Tél : 40 59 43 84

CIDJ (Centre d'information et de documentation pour la jeunesse)
101, quai Branly
75015 Paris
Tél : 44 49 12 00

ONISEP (Office national d'information sur les enseignements et les professions)
12, mail Barthélémy Thimonnier
BP 86 Lognes
77423 Marne-La-Vallée Cedex 2
Tél : 64 80 35 00
Minitel : 3615 ONISEP

Collection dirigée par Brigitte Arnaud
Conception graphique,
maquette et PAO : Alain Jacob
Coordination : Arlette Psardelis

Dépôt légal : mars 1995
ISBN : 2 0 2 022010-5
N° 22010-1
Loi 49-956 du 16 juillet 1949
sur les publications destinées à la jeunesse
Imprimé chez Campin en Belgique